·青少年知识产权普及教育丛书·

商品、服务与商标

国家知识产权局 / 组织编写

方丹 段晓梅 / 撰文

知识产权出版社

全国百佳图书出版单位

编者的话

青少年朋友们：

你们是否知道知识产权是怎么回事？是否晓得知识产权是怎么来的？是否明白知识产权对于相关个人、单位和国家有着何种意义？是否了解知识产权有哪些内容？这套《青少年知识产权普及教育丛书》将帮助你们找到这些问题的答案。

劳动创造了人。人类产生以后，人类劳动即不再是基于生存本能的动物活动，而成为人脑思维支配下的有意识的社会劳动。在不断解决自身生产生活难题的过程中，人类劳动不断由简单向复杂进化，推动着人类社会由低级到高级、由野蛮到文明不断发展。文明社会的演进，不但导致了人类脑力劳动和体力劳动的分工，两种劳动自身的分工也日益精细化、专业化——以发明创造为主要目的和内容的智力劳动产生了。

家庭、私有制和国家的产生，使利益关系成为社会关系的核心。如何分配智力劳动成果所产生的相关权益？前资本主义时期，是由国王或官府以特许令授权相关主体垄断性地享有某一智力成果权益的方式解决的。资本主义把社会生活的一切方面都商品化、"法治"化了，智力劳动成果权益的分配和保护自然也被商品化、"法治"化了——知识产权制度应运而生。作为知识产权制度的核心组成部分，专利制度通过以公开换保护的原则，在有效保护发明人权益的前提下，鼓励发明创造成果的运用，推动发明创造成果的社会共享，极大地激发了发明人的创新热情，促进了科学技术的迅猛发展。知识产权制度自创立以来，人类的科技发明和文艺创作成果超过了过去几千年的总和。

当今世界，随着经济全球化进程的加剧和知识经济时代的来临，拥有受知识产权保护的核心技术，不仅可以保障企业在市场竞争中立于不败之地，也是国家拥有核心竞争力的象征。知识产权已成为国家间竞争和国际斗争不可或缺的科技利器和战略资源。

我国实行改革开放四十年来，知识产权制度从无到有并不断完善，知识产权事业蓬勃发展，公众的知识产权意识不断增强，知识产权文化建设和普及教育也上升为国家知识产权战略。《国家知识产权战略纲要》提出，要加强知识产权宣传，广泛开展知识产权普及型教育，在全社会弘扬以创新为荣、剽窃为耻，以诚实守信为荣、假冒欺骗为耻的道德观念，形成尊重知识、崇尚创新、诚信守法的知识产权文化，提高全社会知识产权意识。要"制定并实施全国中小学知识产权普及教育计划，将知识产权内容纳入中小学教育课程体系"。党的十九大报告也号召我们：要"倡导创新文化，强化知识产权创造、保护、运用"。

少年强，则国家强；青年兴，则民族兴。中华民族历来非常重视对下一代的培养。青少年朋友们，你们不仅是家庭的寄托，更是国家的未来，民族的希望，实现中华民族伟大复兴的梦想寄托在你们身上。你们终将走向社会，在某一领域担当社会角色。学习、了解知识产权知识，创造并拥有自己的知识产权，熟谙知识产权规则及其运用，是你们参与全球化知识经济时代职场竞争必备的素质。2018年全国高考语文试卷纳入有关知识产权内容的阅读试题，反映了新时代中国特色社会主义建设事业对青少年创新意识和知识产权意识的迫切需求。为帮助大家系统了解并掌握知识产权基本知识，在国家知识产权局主持下，我们编写了这套《青少年知识产权普及教育丛书》（以下称《丛书》）。

《丛书》包括《知识产权基本知识》《创新思维与发明》《发明创造与专利》《商品、服务与商标》《作品与著作权》五个分册。主要阐述了以下内容：知识产权制度的产生、知识产权基本知识、知识产权保护；创新思维的养成和发明的方法；发明创造成果的专利保护、授予专利权的条件、专利权的运用和保护；商标的概念、商标注册、商标权的保护；作品与作者、著作权与邻接权、著作权的保护等内容。

由于时间仓促，编写者各有局限，《丛书》错漏之处在所难免，恳请广大读者在使用中不断发现问题，提出批评和建议，以便我们再版时不断修订完善。

青少年朋友们，让我们跟随《丛书》，一起走进五彩纷呈的知识产权世界，来探索近代以来深刻影响了人类生产生活、改变了人类社会面貌的知识产权的奥妙吧！

《青少年知识产权普及教育丛书》编委会
2019年3月

目 录

004
第一节 商品、服务与商业标识

008
第二节 商标的概念和历史

013
第三节 商标的分类

020
第四节 商标的功能和价值

01

第一章

基础知识

02

第二章 商标注册

028
第一节 注册商标和未注册商标

030
第二节 注册商标的特征

037
第三节 如何申请注册商标

042
第四节 商标评审程序

03

第三章 商标权的保护

052
第一节 商标权的内容和特点

057
第二节 保护商标权的意义

061
第三节 商标专用权保护

第一章

基础知识

我们购买图书、文具或日用品时，会考虑哪些因素呢？生活实践中，我们需要某类商品或服务时，往往会倾向于某种牌子、外形或品质。从这些特征入手，能够很快找到自己心仪的商品或服务。商家为了吸引和留住消费者，也会特别重视自己的标识和品牌形象。

这些内容涉及商业标识权和商标权，是知识产权的重要内容。在本章，你将会了解什么是商业标识、什么是商标；商标的具体分类；商标的功能和价值。了解了这些内容后，你再看到商品的包装和服务说明时，就能更多地了解它们背后的意义了。

本章知识结构

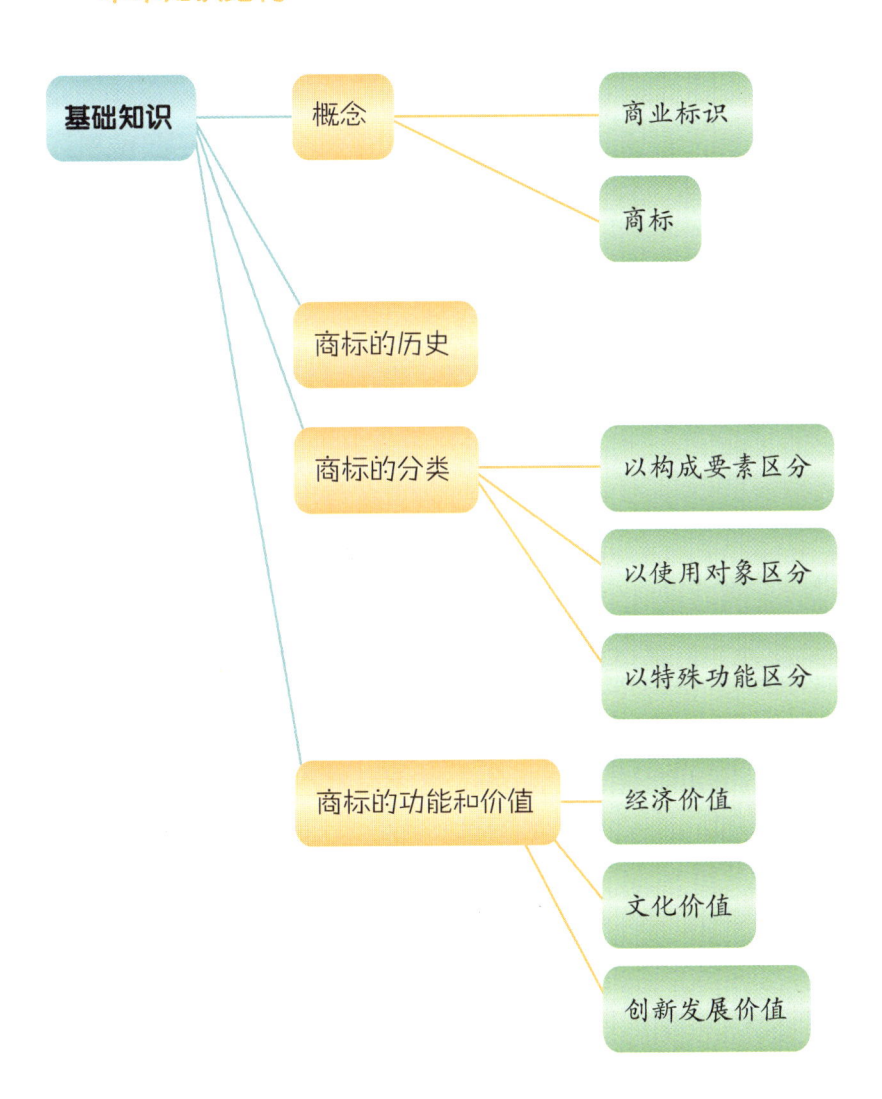

- 基础知识
  - 概念
    - 商业标识
    - 商标
  - 商标的历史
  - 商标的分类
    - 以构成要素区分
    - 以使用对象区分
    - 以特殊功能区分
  - 商标的功能和价值
    - 经济价值
    - 文化价值
    - 创新发展价值

第一节
商品、服务与商业标识

有形商品和无形服务都须通过货币进行交换才能获得。我们日常购买的文具、服装、食物等都属于商品，同学们在课外时间参加的兴趣班、夏令营、俱乐部等都属于服务，这两类产品都是我们购买的对象，也是企业销售的内容。

当我们走进商店，看到一件商品，首先了解的就是外包装和上面形形色色的标识。通过这些标识，我们可以了解到很多有用的信息，比如这个商品的牌子、产地、品质、生产者或者服务提供者等。

问题讨论

本地特色的物品、美食、景点是通过哪些特色信息让人们记住它们的？

商品或服务的提供者用以标明自己商品或服务的来源、品质、生产或服务主体、特征的商用符号就是**商业标识**。具体来说，商业标识包括商标、商号、域名、商品特有名称、商业外观、广告语等。我们正

中国邮政的商业标识

商品、服务与商标

是通过这些商业标识组合来辨识产品或服务的。

商标，是使用最普遍、功能最重要、凝结无形财产价值最大的一种商业标识。在后面的内容中，我们会详细介绍。

商号，是区别不同经营主体的一种商业标识，与企业名称有区别又有联系。企业名称一般由行政区划、字号、行业或者经营特点、组织形式依次构成。如"青岛海尔投资发展有限公司"，"青岛"是行政区划，"海尔"是字号，"投资发展"是经营特点，"有限公司"是组织形式。其中的字号部分，也就是商号，是区别不同经营主体的依据，是企业名称保护的重点。有的企业名称中没有商号，如"中国银行"，则按企业名称权进行保护。

在实践中，有些企业往往将商标与商号并用，如"海尔"集团与其产品"海尔"电冰箱；在服务行业，商标与商号同一的现象更为普遍，如"全聚德"既是中国全聚德（集团）股份有限公司的商号，也是其在餐馆服务上的商标。

商品特有名称，是指在相关领域具有一定影响，为相关公众所知悉的商品独有的名称，区别于商品的通用名称。如"糕点"是一类商品的通用名称，而佛山特产"盲公饼"在相关公众的认知里，是来源于某一特定地区的一种糕点商品的特有名称。

商品特有名称

商业外观，是指由特定元素（如外形、样式、颜色及其组合等）构成的商品或服务的整体形象。主要指有一定影响的商品特有的包装、装潢，也包括整体的店面装潢或服务的整体风格，以及"互联网+"时代的企业网站整体设计等。最传统的商业外观，

商业外观

比如古代的招幌，便于人们识别、寻找和形象宣传。**商品包装、装潢**是指用以识别与美化商品的整体设计形式，包括商品容器的外形、商品外包装以及在商品或包装上附加的装饰性文字、图案、色彩及其排列组合等。

广告语，是指厂商为了宣传自己的商品或服务，在包装或广告牌、广告宣传品、广告片中使用的能够引起消费者兴趣和购买欲望的短语或短句。好的广告语可以用最少的文字传达关于商品或服务独特卖点的最丰富的信息，富有诗意、寓意深刻、朗朗上口。如"滴滴香浓，意犹未尽"和"格力，掌握核心科技"等。

产地标志，可以是仅仅表明商品的生产加工地产地信息的任何标志，如"中国制造"标识。

商业标识和产品标识虽然有一小部分内容重叠，但也有区别。**产品标识，**是指用于识别产品及其质量、数量、特征、特性和使用方法所做的各种表示的统称。产品标识可以用文字、符号、数字、图案以及其他说明物等表示。产品标识包括：（1）产品的自身属性，比如产品的名称、产地、规格型号、等级、成分含量、产品合格证等；（2）生产者相关信息，这是生产者承担产品质量主体责任的体现，包括生产者的名称、地址、联系方式等；（3）产品的扩展属性，如在产品上标注生产许可证标志和编号，或者强制性产品3C认证标志、注册商标、地理标志、质量管理体系或者环境体系认证等；（4）注意和提示事项，这对于保障消费者的身体健康和人身、财产安全具有重要作用，包括生产日期、保质期、贮存条件、使用说明、警示标志或中文警示说明等，如"请

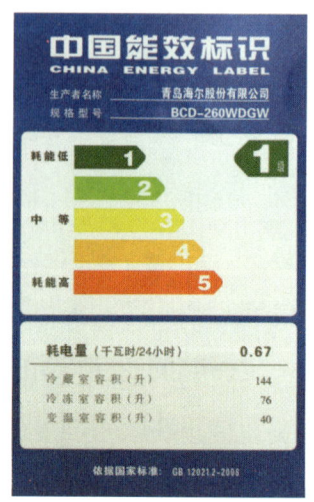

产品标识

勿倒置""小心轻放""由此打开"等。这些产品标识可以帮助我们了解产品的成分、质量、所执行的标准，说明产品的使用、保养等事项，起到指导消费者的作用。

商业标识是一个由多种元素组成的整体。组合使用可以帮助消费者快速识别商品，并在心理或观念上将商品或服务与特定来源联系起来，从而影响其购买选择行为。商业标识是商家给消费者传递信息的重要渠道，很多商业标识具有深厚的文化内涵、历史传统价值和较高的审美品位，体现了企业文化、市场形象和核心价值，而不仅仅限于经济价值一项指标。

资料卡：国际条约所保护的商业标识类别

《建立世界知识产权组织公约》将知识产权所包括的权项划分为8项，其中第6项为"商品商标、服务商标、商号及其他商业标识"。除商标、商号明确列出外，"其他商业标识"应当包括域名、地理标志以及有一定影响的商品的特定名称、包装、装潢等，之所以没有明确列出，是因各国在这方面的保护尚未达成一致，各国可根据各自情况确定保护范围。世界贸易组织（World Trade Organization，WTO）的《与贸易有关的知识产权协定》（TRIPs）在其第1部分第1条中，把知识产权类别划分为7项，其中第2、第3项仅分别列出了商标和地理标志，这是因为这两项商业标识与贸易关系最为密切。

第二节
商标的概念和历史

商标是商业标识的重要内容，也就是我们常说的"牌子"。每一种商品或服务都会有一个专属的"标签"，让我们可以很容易地找到它，并依据它认牌购物。

商标，是指商品的生产者、经营者或者服务的提供者为了标明自己、区别他人而在自己的商品或者服务上使用的具有显著性的符号。人们常常谈到品牌，但商标与品牌并不是一回事。商标属于法律概念，是区别生产者之间商品和服务的标志；品牌属于营销学概念，是区分销售者之间商品和服务的标志。品牌获得法律保护的主要途径是依法申请商标注册，取得商标专用权。品牌的主要表现形式和核心是商标。

标示和区别商品或服务是商标的重要作用之一，从这个意义上来说，古人也很早就有"商标"的意识了。商标的起源可追溯至古代，最初是在产品上刻上制作者的姓名，当时的工匠将其签字或标记印制在其艺术品或产品上，以便在交换中同他人的产品相区别。时至今日，我们还能在很多文物上看到制作者

带印章的紫砂壶

商品、服务与商标

的名章。现在的很多非物质文化遗产作品也还沿用古代名章标示方法。

随着生产力的提高和商品经济的发展,商品种类不断增多,同类商品的生产者和经营者也不断增多,他们为了使购买者准确识别自己的产品,维护自己的信誉,逐步完善了标识的形式,不仅有文字标识,还出现了图形标识。

事例分享1-1

中国最早的商标——"济南刘家功夫针铺"铜版

北宋时期(960—1127)的山东"济南刘家功夫针铺"铜版,是我国已知的最早出现的完全意义上的商标,距今已有1000年左右。北宋时期,随着私营工商业的发展,竞争日趋激烈,不少店铺为了推销自家产品,除了装潢店面外,还印制了带有店铺标记的印刷铜版。下图左侧铜版就是用来印刷商标的。该铜版长13.2厘米,宽12.4厘米。上方标明店铺字号"济南刘家功夫针铺",正中为铺标记——白兔捣药图,并注明"认门前白兔儿为记",

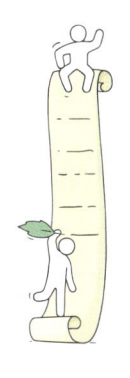

中国最早的商标——北宋时期"济南刘家功夫针铺"的"白兔儿"标记铜版

下方广告文辞称:"收买上等钢条,造功夫细针。不误宅院使用,转卖兴贩,别有加饶,请记白。"当时商品经营以自产自销为主,这种店铺标记已成为此种经营方式下商品的专有标识。刘家针铺细针借"嫦娥"化身的白兔作商标,蕴意深刻,情趣盎然,博得当时百姓的喜爱,利于带动营销。该铜版现保存于中国国家博物馆,是我国商标与广告的珍贵历史文物。

问题讨论

观察上面左图的铜版标记及文字,参考以上资料,说一说文字标识和图形标识的作用。

分析思考

选取你熟悉的老字号,查查它有什么含义,结合老字号的传承历史和文化内涵说说你对这个商标的理解。

我国近代商标是与资本主义生产方式的输入同步产生的。在受西方经济影响较深的沿海地区,因西方工业文明的影响,企业为了推动产品出口和防止假冒,在商品包装上打上"商标"字样。19世纪末到20世纪初,商标的使用在广东、上海、天津、宁波、大连等地已非常普遍。1904年8月4日,清政府颁布我国第一个商标法规《商标注册暂拟章程》。因各国在华利益关系的冲突,这个商标法规颁布后多次遭到德国、日本等国的反对,他们要求修正此商标法规的部分条文。为此,清政府商务部决定在商务部内暂缓成立商标注册局。1906年,清政府将商标管理划归农工商部。1911年(清宣统三年),辛亥革命爆发,清王朝封建专制制度宣告结束,商标注册局最终并没有真正成立。当时外商在华使用的商标,大多由上海海关商标挂号分局受理;国内厂商使用的商标,则由农工商部商务司保商科代为登记备案。

商品、服务与商标

第一章 基础知识

北洋政府时期，商标管理有了进一步发展。国内外厂商多次强烈要求北洋政府按照西方商标律例制定商标法，在此背景下，北洋政府于1923年5月成立了农工商部商标局，仿照西方商标法律颁布了《商标法》和《商标法实施细则》。中华民国政府成立后，于1927年7月发布商标注册登记新规则，1927年10月颁布《全国注册局注册条例》，规定在原北洋政府商标局注册的商标须重新注册并领取商标注册证，商标注册制度正式开始执行。

中华人民共和国成立以前，各解放区政府曾制定了关于商标注册保护的制度。

清政府颁布《商标注册暂拟章程》

中华人民共和国成立初期，1950年7月28日，中央人民政府政务院批准并公布了《商标注册暂行条例》，这是中华人民共和国第一部商标法规，也是中华人民共和国成立后最早的经济立法之一。现在施行的《中华人民共和国商标法》是1982年8月23日第五届全国人民代表大会常务委员会第二十四次会议通过并颁布实施的，这是我国第一部比较健全的商标法律，也是我国第一部知识产权法律。《中华人民共和国商标法》的基本原则包括：全国统一注册原则，保护注册专用权原则，自愿注册原则，判定商标专用权归属的申请在先原则，兼顾使用在先和诚实信用原则，还规定了注册商标审查、异议、撤销与商标专用权保护等一系列制度。

事例分享1-2

我国历史上第一件注册商标

步入近代社会以后，我国一批本土著名商标开始出现，如中国近代工商业鼻祖无锡荣氏家族于1903年创办了无锡茂新面粉厂，1910年开始使用兵船牌商标，开了国货商标的先河。

1923年北洋政府商标法颁布后，同年8月"兵船"正式申请注册商标，成为我国历史上第一件注册商标。商标分为绿、红、蓝、黑4种颜色，用以区别不同产品的等级。该商标曾经获得1926年美国费城商标博览会荣誉奖。

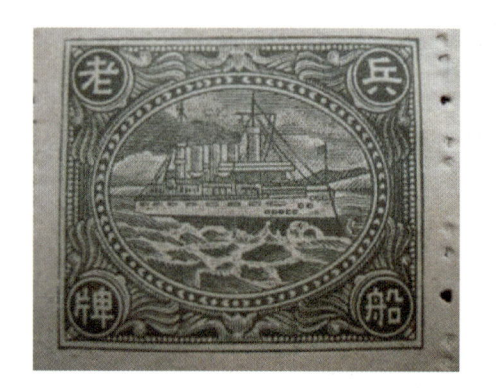

老兵船商标

兵船商标

此外，荣氏家族于1915年创办申新纺织公司，注册了人钟牌、四平莲牌、宝塔牌、龙船牌等商标，这些商标当时都比较知名。五四运动时期，上海三友实业社创立的三角牌毛巾商标，打破了日本铁锚牌毛巾对我国市场的垄断，为国货品牌赢得了荣誉。

第三节 商标的分类

常见的商标分类，有以构成要素区分、以商标的使用对象区分、以商标的特殊功能区分等几种分类方法。

以构成要素区分商标

以商标的构成要素区分，可分为文字商标、图形商标、立体商标、组合商标等。近年来还出现了听觉商标、味觉商标、触觉商标等诸多新型非传统商标。目前，我国认可的商标类型包括文字商标、图形商标、立体商标、颜色组合商标和声音商标。

资料卡：《中华人民共和国商标法》节选

第八条 任何能够将自然人、法人或者其他组织的商品与他人的商品区别开的标志，包括文字、图形、字母、数字、三维标志、颜色组合和声音等，以及上述要素的组合，均可以作为商标申请注册。

分析思考

我们身边常见的商标有哪些类型？你能举例说明立体商标或声音商标吗？

文字商标，是生活中最为常见的商标类型，其便于呼叫的特性可以让人们最快速地认识并记住它。如"全聚德""999""ZTE"等都属于文字商标。

文字商标

文字包括汉字、汉语拼音、少数民族文字、外国文字或字母、数字，数字既可以是阿拉伯数字，也可以是中文大写数字。不同语言的文字或数字之间还可以互相组合。文字的组合可以使用有含义的词语，也可以是生造的没有常见含义的词语，或者是几个词汇的组合。但文字商标也有缺点，比如外文商标在中国不便于识别；汉字商标在国外也不便于识别，汉字商标在外国申请注册，很可能被当作图形商标。

图形商标，其优点在于形象生动，便于记忆，不仅具有识别作用，还给人以美的享受。特别是图形商标不受语种限制，不论在哪个国家，消费者只需看图即可识牌。

图形商标

图形商标的取材范围非常广泛，既可以是风景画、动植物等具体形象图形，也可以是某种记号、符号、几何图形等抽象造型构图，还可以是卡通形象或艺术化的肖像图案等。图形商标的缺点是不便于称呼，特别是比较抽象的图形商标，没有具体的称谓，妨碍人们的口头交流，可能会影响

商品、服务与商标

广告宣传或商品的销售。

立体商标，是指立体形状的商标，是由三维标志或者含有其他要素的三维标志构成的商标。立体商标可以是商品本身（包括商品某一部分）的形状、商品的包装物或者其他与商品无关的立体形象。

商品本身的形状　　商品包装物　　与商品无关的立体形象（米其林轮胎人）

组合商标，是指用文字、图形、字母、数字、三维标志和颜色组合等其中任何两种或两种以上的要素组合而成的商标。组合商标综合了不同类型商标的不同特点，图文并茂，形象生动，引人注意，易于识别，便于呼叫名称，能更充分地发挥商标的区分功能。

组合商标

声音商标，是由用以区别商品或服务来源的声音构成的商标。声音商标可以由音乐性质的声音构成，例如一段乐曲；也可以由非音乐性质的声音构成，例如自然界的声音、人或动物的声音；还可以由兼有音乐性质与非音乐性质的声音构成。我国从2014年5月1日起开始接受声音商标注册，首例提出注册申请的声音商标是中国国际广播电台申请注册的"中国国际广播电台广播节目开始曲"，并已在无线电广播、无线电文娱节目2个类别27项服务上获准注册。

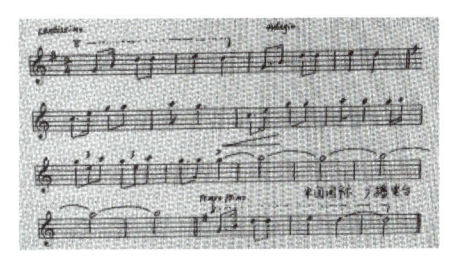

中国国际广播电台广播节目开始曲

事例分享1-3

米高梅公司"狮子吼"声音商标在加拿大知识产权局获准注册

加拿大知识产权局曾坚持声音不能作为商标注册,但在2012年3月28日宣布,将接受以声音为基础的商标注册申请。

加拿大知识产权局的决定是其与米高梅公司长达20年纠纷的结果。1992年,米高梅公司试图将其标志性的"狮子吼"声音注册为商标,这头狮子的吼叫声总是出现在米高梅公司出品的电影片头,任何看过该公司电影的人都能够立即识别出来。这一吼叫声,对于米高梅公司来说确实有很强的商标权保护需要,因为该公司至少从1928年开始就已经在加拿大影院里使用这个声音了。

"狮子吼"电影片头

以使用对象区分商标

以使用商标的对象是有形还是无形来区分,商标可以分为商品商标和服务商标。

商品商标,是历史最悠久的商标类型,主要用以区别同类商品的不同生产者。

服务商标,与商品商标的区别在于使用它的对象提供的不是商品,而是服务。同学们可以根据"ICBC""新东方""中青旅"等标志找到自己心仪的银行、教育服务机构或旅游公司。服务一般都是无形的,表现为人的行为,因此它无法像商品商标那样直接将商标缀附在商品上,但可以通过服务场所的牌匾或招牌、服务人员的服装等方式

商品商标

商品、服务与商标

进行标识。中国于1993年开始对服务商标进行法律保护。我们前面在第一节讲过，服务商标与商号、企业名称之间的联系往往是密不可分的。

服务商标

以特殊功能区分商标

以商标的特殊功能来区分，可以分为普通商标、集体商标和证明商标。

集体商标，是指以团体、协会或者其他组织名义注册，供该组织成员在商事活动中使用，以表明使用者在该组织中的成员资格的标志。

集体商标

证明商标，是指由对某种商品或者服务具有监督能力的组织所控制，而由该组织以外的单位或者个人使用于其商品或者服务，用以证明该商品或者服务的原产地、原料、制造方法、质量或者其他特定品质的标志。食品包装上的"绿色食品"标志就属于证明商标。

证明商标

集体商标与证明商标的共同点在于都是由多个商品生产经营者或者服务提供者共同使用的商标。不同点在于：一是集体商标表示商品或者服务来自同一组织，证明商标表示商品或者服务具有某种特定品质。二是证明商标的注册人除了必须是某一组织之外，还必须对所申请注册商品或者服务的特定品质具有监督能力。三是集体商标只供该组织成员使用，该组织以外的人员不得使用，属于封闭的"俱乐部"型；而证明商标则是开放的体系，只要其经营的商品或者服务符合证明商标使用条件，就可以要求使用该证明商标。集体商标的注册人可以在自己经营的商品或者服务上使用该集体商标，证明商标的注册人不能在其经营的商品或者服务上使用该证明商标。

地理标志，生活中还有一种以商品原产地命名的特殊证明商标或集体商标，就像"库尔勒香梨""金华火腿""西湖龙井""香槟"等，这些标示产地和独特品质的商品标识就属于地理标志。地理标志是指标示某商品来源于某地区并由该地区的自然因素或者人文因素所决定的该商品特定质量、信誉或者其他特征的标志。

地理标志

获得地理标志注册的商品，可以标注"中国地理标志"专用标志。

"中国地理标志"专用标志

资料卡

世界贸易组织在《与贸易有关的知识产权协定》(TRIPs)中，对地理标志的定义为：地理标志是鉴别原产于一成员国领土或该领土的一个地区或一地点的产品的标志，该标志产品的质量、声誉或其他特性主要取决于其原产地。地理标志也是知识产权的一种。将地理标志以集体商标或证明商标的形式申请注册是地理标志保护模式的一种。通过申请注册地理标志集体商标或证明商标，可以合理、充分地利用与保护自然资源、人文资源和非物质文化遗产资源，直接帮助农民或手工艺品生产者创造更高的经济价值，同时还可以带动旅游业等相关行业同步发展，有效地保护优质特色产品，促进特色行业的发展，促进经济和文化进步。

例如"章丘大葱"地理标志作为证明商标获准注册后，其经济价值明显提高，由注册前的每千克0.2—0.6元上升到每千克1.2—5元。"胶州大白菜"历史悠久，早在一千多年前就在胶州出现。"胶州大白菜"作为证明商标获准注册后，身价由原来的每千克几角钱迅速上涨到平均每棵48元。

分析思考

依据关注角度不同，对商标有几种分类方法？你能画一张思维导图进行说明吗？最好能对每一类商标都举例说明。

第四节

商标的功能和价值

商标作为区分商品或服务来源的识别标志，来源识别功能是其最基本的功能。此外，商标还有品质保障、商誉承载等功能。

商标作为商品的象征，代表着商品的信誉，而信誉是与商品质量紧密联系在一起的。凭借商标，消费者将特定产品的品质与生产者的信誉联系起来，能够在知情的前提下选择商品。一个有影响力的商标，能带动商品畅销，给商品生产者带来巨大利润。商标的这些作用也有利于维护消费者的利益，因为使用商标能促使厂家和商家保证商品和服务质量的一致；商品出了问题，消费者可以依其商标找到生产厂家，从而强化了消费者对企业的监督，这也有利于激励企业提高商品质量、积累信誉和知名度。因此，商标能帮助企业拓展市场，提升商品附加值和竞争力，是企业不可忽略的无形资产。

商标不仅具有经济价值，还承载着文化价值和创新发展价值。

商标的经济价值

商标所有人通过商标的创意、设计、申请注册、广告宣传和使用，发挥商标的来源识别功能，在社会公众心目中逐步形成与特定商品或服务的联系，逐步积累知名度和美誉度，从而实现消费者认牌购物，并激发消费者再次购买的欲望，商标所有人的市场竞争优势就会越来越大，经济效益也就会越来越好。正是因为具有帮助商品生产者或服务提供者巩固消费群体的作用，所以说商标具有经济价值。

商标必须通过商业使用才能产生经济价值。如果拥有一个好的商标却不去经营，不去宣传，不去保护，那么，它的市场影响就会淡化，就会渐渐被消费者遗忘。而如果只申请注册、不踏踏实实地投入使用，那只是商标炒作，投机取巧。神舟飞船升空、奥运夺金热潮，几乎每一个社会热点事件发生后，都要引起一轮商标注册申请的热潮。但是，这种昙花一现的热炒能铸就百年老号、世界名牌吗？

问题讨论

有消息称，侯某于2005年在白酒商品上申请注册了"莫言醉"商标。2012年莫言获得诺贝尔文学奖后，该商标的转让价格已经飙升至1000万元。你怎么看待这一现象？请查询相关资料，说一说你对商标价值的理解。

商标的文化价值

商标不仅代表着商品或服务的市场定位，还凝结着企业的市场形象和企业文化，附有文化和情感内涵，历史悠久的商标还起着凝聚专业精神、传承行业文化的作用。因此，商标具有文化价值。认可商标背后无形的文化价值，使商标与使用该商标的商品或服务在消费者心目中形成特定的精神象征。例如，每种汽车商标代表的都是不同的产品特性、设计理念、文化背景和心理目标，消费者可以根据自身的需要进行选择。

事例分享1-4

"六必居"商标的含义

传统老字号"六必居"的商标有"黍稻必齐,曲糵必实,湛之必洁,陶瓷必良,火候必得,水泉必香"的含义,诠释了在制作工艺上的要求:用料必须上等,下料必须如实,制作过程必须清洁,设备必须优良,火候必须掌握适当,泉水必须纯香。通过严控产品质量,精心维护"六必居"的产品和企业形象,才保证了"六必居"的经营历经四百多年不衰,时至今日依然广受国内外人民喜爱。

商标的创新发展价值

当今社会科技发展突飞猛进,产品更新换代频繁。任何企业的产品创新、商业模式创新等,最终都要借助自己独有的商标进入市场,参与竞争。特别是当其商标经过使用累积了声誉之后,会使消费者形成一定程度的信任和追随心理,对消费群体的巩固和连接作用更加重要。因此,商标具有带动创新发展的价值。很多成功的企业不断推出新产品,商标却始终不变,消费者还是会非常信赖,乐于购买。具有公众认可度的商标在商家新产品推广过程中发挥着重要作用,可以带动企业进入更广阔的天地,其价值及其增值功能不可估量。因此,商标有助于促进创新发展和市场竞争,提升国家整体的经济实力与综合国力。

资料卡:2017年BrandZ全球最具价值品牌榜

每年都会有不同的组织推出各种品牌价值榜,虽然涉及的品牌和排名有些差别,但是仍然可以帮助我们了解商标的价值。

商品、服务与商标

2017年BrandZ全球最具价值品牌（前15名）

排名	名称	品牌	行业	品牌价值	品牌原产地
1	谷歌（Google）	Google	科技	2455.81亿美元	美国
2	苹果（Apple）		科技	2346.71亿美元	美国
3	微软（Microsoft）	Microsoft	科技	1432.22亿美元	美国
4	亚马逊（Amazon）	amazon.cn	零售	1392.86亿美元	美国
5	脸书（Facebook）	facebook	科技	1298.00亿美元	美国
6	美国电话电报公司（AT&T）		电信提供商	1151.12亿美元	美国
7	维萨（Visa）	VISA	支付	1109.99亿美元	美国
8	腾讯（Tencent）	Tencent 腾讯	科技	1082.92亿美元	中国
9	国际商业机器（IBM）	IBM	科技	1020.88亿美元	美国
10	麦当劳（McDonald's）		快餐	977.23亿美元	美国
11	威瑞森通讯（Verizon）	verizon	电信提供商	892.79亿美元	美国
12	万宝路（Marlboro）	Marlboro	烟草	875.19亿美元	美国
13	可口可乐（Coca-Cola）	Coca-Cola	软饮料	781.41亿美元	美国
14	阿里巴巴（Alibaba）	阿里巴巴 Alibaba.com	零售	591.27亿美元	中国
15	富国银行（Wells Fargo）	WELLS FARGO	区域银行	584.24亿美元	美国

第二章

商标注册

为了区分不同生产者和经营者的商品或服务，商品生产者或服务提供者会对自己的商品或服务选择使用商标。

在本章，你将会了解注册商标和未注册商标；注册商标的特征；如何申请注册商标；商标评审程序。

商标所有人在设计、注册、宣传、使用、管理和保护自己商标的过程中，付出了大量智力劳动，因此，其有权享有商标使用带来的经济利益和其他利益。商标权是一种无形财产权。商标权有注册取得或使用取得等不同的法律制度，我国主要采取商标注册制度。商标获准注册后，即享有注册商标专用权。

本章知识结构

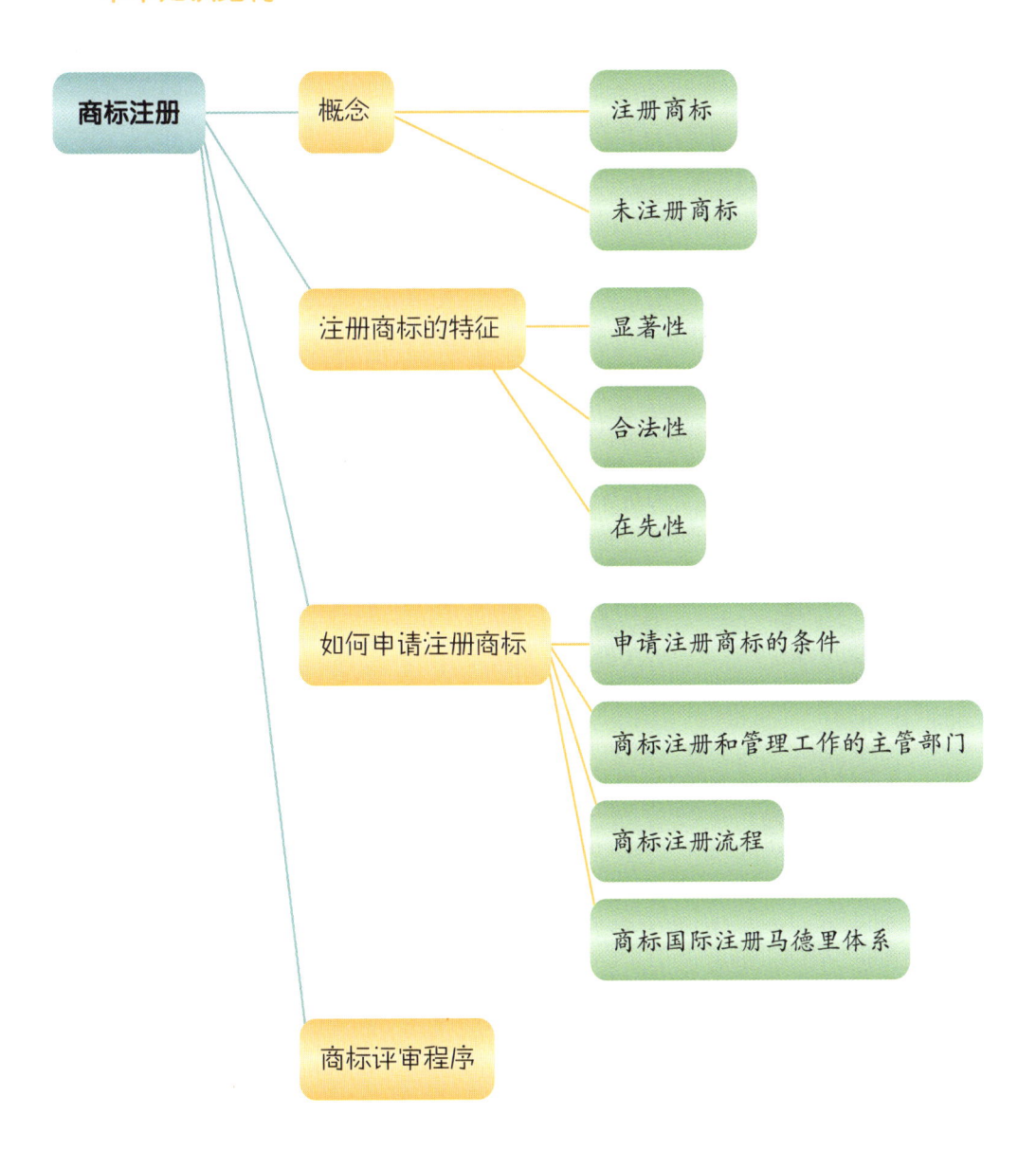

- 商标注册
  - 概念
    - 注册商标
    - 未注册商标
  - 注册商标的特征
    - 显著性
    - 合法性
    - 在先性
  - 如何申请注册商标
    - 申请注册商标的条件
    - 商标注册和管理工作的主管部门
    - 商标注册流程
    - 商标国际注册马德里体系
  - 商标评审程序

第一节

注册商标和未注册商标

商标所有人向国家知识产权局商标局提出注册申请，经商标主管机关审查予以核准使用于特定商品或服务上时，该商标就成为**注册商标**；注册商标经商标主管机关公示后受法律保护。也有一些商标，已经在市场上使用，但并未向商标主管机关申请注册，这类商标就是**未注册商标**。

我国实施商标"自愿注册原则"，企业或个人可以自行决定是否对其商标进行注册。虽然未注册商标在一定条件下也可以受到法律保护，但是注册商标可以使商标所有人获得最大程度的法律保护。首先，注册商标表明了商品的专属性。在我国，只有拥有这一商标的企业才可以使用或许可他人使用，任何其他企业都不能擅自使用其注册商标。其次，注册商标可以保护这一商标的专用权不受侵犯，不被他人使用，阻止不正当竞争者使用相同或近似的标记来推销不同甚至低劣的产品或服务，从而维护商标所有人的信誉和形象。

使用注册商标，可以在商品、商品包装、说明书或者其他附着物上标明"注册商标"或者注册标记®。

商品、服务与商标

资料卡：包装袋上 ® 和 TM 的含义

"R"是英文"register"的缩写，"register"的中文意思是"注册"。商品或服务打上这个标记，就是告诉人们，它所标注的图形或文字不但是商标，而且还是注册商标，受法律保护。未经授权，其他任何个人和组织都不能擅自使用。

® 标记

"TM"是英文"trademark"的缩写，"trademark"的中文意思是"商标"。它的作用就是表示它所标注的图形或文字在作为商标使用，而不是商品名称或其他商业标识。

TM 标记

对商标进行注册后，就可以依法禁止相同或近似的商标在同一种或类似商品或服务上使用，从而使消费者能够通过商标识别自己心仪的商品或服务。注册商标既是对商标所有人信誉的保护，也是对消费者利益的保护，可以使消费者免受假冒、模仿等不正当竞争行为的误导，有利于维护良好的市场竞争秩序。

怎么保护自己的商标？

对商标进行注册！

第二节

注册商标的特征

商标与我们的日常生活息息相关，是消费者选购商品或服务的重要工具。比如提到"大白兔""徐福记"会想到糖果，提到"奇瑞""大众"会想到汽车，提到"苹果""华为"会想到手机。商标是商品或服务的符号，但并非所有使用在商品或服务上的符号都是商标。只有当这种符号可以起到标示并区分商品或服务来源的作用时，即只有当这种符号与特定商品或服务来源联系在一起、使得消费者可以识别出特定的商品或服务来源时，我们才叫它商标。商标是区分商品或服务来源的识别符号。这种标示商品或服务来源并使之与其他同类商品或服务相区别的作用，就是商标的显著性，此外，注册商标还应具有合法性和在先性。

问题讨论

假如你生产的绿色蔬菜要投放市场，需要为之设计一个商标，你希望你的商标包括哪些元素？尝试着做一下并和同学们分享。

商标的显著性

判断商标是否具有显著性，除了考虑商标的标识本身的含义、呼叫效果和外观构成外，还应该考虑该商标应用于哪种商品以及人们一般的认知习惯等因素。比如，仅由本商品的通用名称、图形构成的商标，或者仅直接表示商品或服务特点的商标，难以使相关公众区分同类商品或服务的

商品、服务与商标

来源，因此，缺乏显著性。再如，某些符号，比如工程坐标图，不符合人们观念里对商标的认识，或者某些商品符号，比如商业外观的全标图案，虽然也可以起到区分商品或服务来源的识别作用，但是也不符合人们对商标的一般认识习惯，因此，不易被作为商标识别，自然也就缺乏作为商标的显著性。

分析思考

下列标志可以作为商标注册吗？为什么？

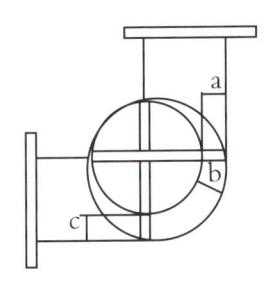

指定使用商品：水泵

XXL
指定使用商品：服装

指定使用商品：苹果

名车快修
指定使用商品：汽车保养和修理

网购
指定使用商品：计算机软件

事例分享 2-1

华夏银行的商标

华夏银行的商标主体为中国国宝红山玉龙图案，融合中国书法特点，彰显了华夏文明悠久的历史和丰富的文化底蕴。玉龙中间内嵌芯片图案，彰显了现代银行的科技特点。玉龙和芯片整体呈现中国古钱币形态，表明服务内容为金融，把"华夏"和"银行"融为一体，体现了华夏银行植根中华五千年文明的现代银行特点，让人印象深刻。

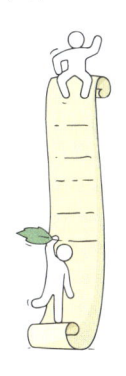

华夏银行商标

资料卡：《中华人民共和国商标法》节选

第十一条 下列标志不得作为商标注册：

（一）仅有本商品的通用名称、图形、型号的；

（二）仅直接表示商品的质量、主要原料、功能、用途、重量、数量及其他特点的；

（三）其他缺乏显著特征的。

前款所列标志经过使用取得显著特征，并便于识别的，可以作为商标注册。

商标的合法性

注册商标还应具有合法性。合法性即商标的注册和使用不得违反商标法的强制性规定。违反这些规定，商标不仅不能注册，也不得作为未注册商标使用。不具有合法性的商标主要包括可能破坏社会公共秩序或善良风俗的标志，或者违反诚实信用原则、采用欺骗手段或不正当手段申请注册的标志等。

资料卡：《中华人民共和国商标法》节选

第十条 下列标志不得作为商标使用：

（一）同中华人民共和国的国家名称、国旗、国徽、国歌、军旗、军徽、军歌、勋章等相同或者近似的，以及同中央国家机关的名称、标志、所在地特定地点的名称或者标志性建筑物的名称、图形相同的；

（二）同外国的国家名称、国旗、国徽、军旗等相同或者近似的，但经该国政府同意的除外；

（三）同政府间国际组织的名称、旗帜、徽记等相同或者近似的，但经该组织同意或者不易误导公众的除外；

（四）与表明实施控制、予以保证的官方标志、检验印记相同或者近似的，但经授权的除外；

《中华人民共和国商标法》

（五）同"红十字""红新月"的名称、标志相同或者近似的；

（六）带有民族歧视性的；

（七）带有欺骗性，容易使公众对商品的质量等特点或者产地产生误认的；

（八）有害于社会主义道德风尚或者有其他不良影响的。

县级以上行政区划的地名或者公众知晓的外国地名，不得作为商标。但是，地名具有其他含义或者作为集体商标、证明商标组成部分的除外；已经注册的使用地名的商标继续有效。

事例分享2-2

不具备合法性的商标注册申请驳回案例

2015年1月13日，申请人向商标主管机关提出"金童童及图"商标注册申请，商标主管机关以"全"字为不规范字为由驳回其注册申请。申请人不服商标主管机关的驳回决定，依法向原商标评审委员会提出复审申请。原商标评审委员会依然驳回了其注

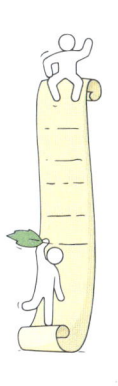

册申请，认为将非规范写法的汉字用作商标，容易误导公众，特别是容易误导青少年对规范汉字的认知，扰乱汉语规范使用秩序和文化公共秩序，进而产生不良的社会影响。因此，申请注册商标已构成《商标法》第十条第一款第（八）项规定之"有其他不良影响"的标志，应禁止作为商标使用。

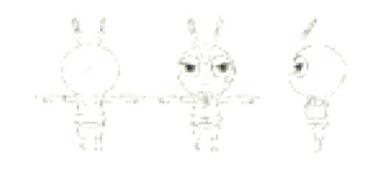

"金童童及图"商标

商标的在先性

注册商标还应具有在先性。一方面，申请注册的商标不应与他人在同一种或类似商品上的在先商标相同或近似，因为这样容易导致混淆，在先商标包括已经获准注册的、已经提出注册申请的或者已经通过实际使用形成一定影响的商标；另一方面，申请注册的商标不得损害他人现有的在先权利，如字号权、姓名权、肖像权、著作权等。利用他人享有著作权的作品，如文字、图案等作为商标注册的，应事先取得著作权人的许可。

问题讨论

看一看下面这几组商标像不像？

HLIAVVEI　　HUAWEI

VVEIXIRI　　WeiXin

豪牛　　蒙牛

美白勺 Meid　　美的 Midea
（美白勺）　　（美的）

商品、服务与商标

周佳 雕　　姓啥啥　　娃哈哈
ZHOUZHU
（周住）（雕）　（姓啥啥）　（娃哈哈）

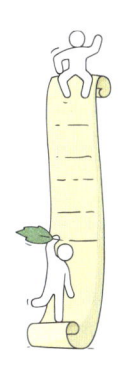

事例分享2-3

联想商标改名

"Lenovo"（联想）同学们并不陌生。它原来的英文商标是"Legend"，意为传奇，但是在多个国家中已有其他企业在先注册使用，这些在先的商标权利给联想集团的国际业务拓展造成了阻碍。这就体现了商标的在先性，法律保护在先注册、申请或使用的商标。为了开拓更广阔的国际市场，联想集团果断地在全球换标，将英文商标换成更为独特而富有创新的"Lenovo"。保留了"Legend"的"Le"，与拉丁语的"Novo"（意为创新）合并。"Lenovo"是一个臆造词，比"Legend"更好听入耳、感觉更有力量，而且在全球范围内没有在先权利或者在先权利较少。联想集团能在全球范围内握有一个拥有注册保障的英文商标，就可以放心大胆地投入资金培育自己的品牌了。

事例分享 2-4

损害他人在先权利的商标注册案例

我国著名漫画家张乐平笔下的三毛形象大家一定不陌生。这个头上长着三根头发，有着大脑袋、圆圆的鼻子以及瘦瘦的身体的小男孩艺术形象深入人心，该形象的著作权归张乐平先生所有。但江苏三毛集团于1995年11月至1996年2月申请注册了"三毛"商标，使用了三毛的漫画形象。张乐平先生的家人向法院起诉，法院认定三毛集团未经著作权人许可，擅自将"三毛"形象作为商标使用并注册的行为构成侵权，判决三毛集团停止在产品、企业形象上使用"三毛"漫画形象，并赔偿"三毛"漫画著作权人经济损失10万元。

"三毛"商标

可我已经申请注册商标了……

三毛是我们的！

三毛集团　　著作权人

商品、服务与商标

第三节 如何申请注册商标

申请注册商标的条件

申请注册的商标须符合《商标法》《商标法实施条例》等我国相关法律法规的规定，并应接受相应的审查。在注册申请的形式方面，申请文件应当齐全，且符合法律规定。在注册申请的内容方面，应具备上一节讲过的注册商标的特征，即商标本身应不包含不得作为商标使用的标志，具有显著性特征，且与他人在同一种或类似商品上已经注册或者申请的商标不相同或不近似、并不损害他人其他的在先合法权利。

我国《商标法》规定，自然人、法人或其他组织都可以提出商标注册申请，如果外国人或外国企业的商标需要在中国获得商标法赋予的相关权利，应当按其所属国和中国签订的协议或者共同参加的国际条约办理，或者按对等原则办理。

资料卡：《中华人民共和国商标法》对商标申请注册的规定

第四条 自然人、法人或者其他组织在生产经营活动中，对其商品或者服务需要取得商标专用权的，应当向商标局申请商标注册。

第五条 两个以上的自然人、法人或者其他组织可以共同向商标局申请注册同一商标，共同享有和行使该商标专用权。

第六条 法律、行政法规规定必须使用注册商标的商品，必须申请商标注册，未经核准注册的，不得在市场销售。

第七条 申请注册和使用商标，应当遵循诚实信用原则。

商标使用人应当对其使用商标的商品质量负责。各级工商行政管理部门应当通过商标管理，制止欺骗消费者的行为。

第九条 申请注册的商标，应当有显著特征，便于识别，并不得与他人在先取得的合法权利相冲突。

商标注册人有权标明"注册商标"或者注册标记。

第十七条 外国人或者外国企业在中国申请商标注册的，应当按其所属国和中华人民共和国签订的协议或者共同参加的国际条约办理，或者按对等原则办理。

中国商标大楼（郭京平摄）

商标的概念不能脱离具体的商品或服务，商品或服务分类是商标权利的一个基本要素。注册商标需要说明是在什么商品或者什么服务上提出申请注册。注册申请人须按照我国国家知识产权局商标局公布的《类似商品和服务区分表》提出申请注册商标的商品或服务项目名称。如果商标所有人希望自己的商标在其他商品或服务上使用，应该提出新的商标注册申请。

商品、服务与商标

商标注册和管理工作的主管部门

在我国，主管商标注册和管理工作的部门是国家知识产权局商标局。商标注册申请可以自行办理，也可以委托依法设立的商标代理机构办理；商标注册申请可以直接到商标注册大厅办理或通过网上申请系统提交注册申请，2017年，网上商标注册申请已经占到申请总量的85%。随着商标注册便利化改革的推进，现在也可以到国家知识产权局商标局驻中关村国家自主创新示范区办事处、国家知识产权局商标局在京外设立的商标审查协作中心，或者国家知识产权局商标局委托地方工商和市场监管部门设立的商标受理窗口办理。商标注册申请或其他业务的受理都会越来越方便。

商标注册流程

一个商标成为注册商标，通常包括申请、审查、初步审定并公告、核准注册四个阶段。

中国商标网（http://sbj.saic.gov.cn/）

注册商标申请人除了在设计商标时须考虑商标的显著性、合法性、在先性以外，在正式提出注册申请之前还需要做的一项重要工作就是商标查询。**商标查询，**是指商标注册申请人或其代理人在提出注册申请前，对其申请的商标是否与他人在先商标相同或近似的查询工作。因为我国的商标

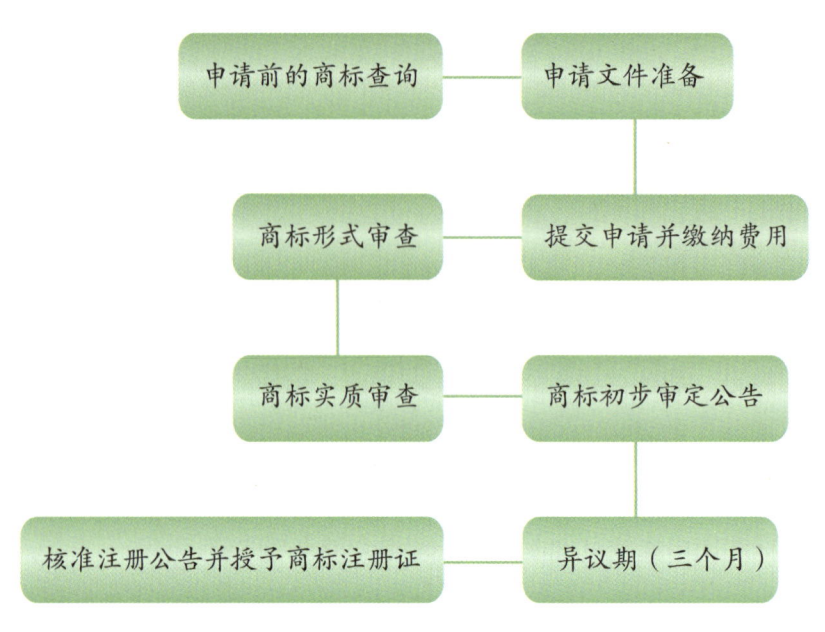

```
申请前的商标查询 ── 申请文件准备
                            │
商标形式审查 ──────── 提交申请并缴纳费用
      │
商标实质审查 ──────── 商标初步审定公告
                            │
核准注册公告并授予商标注册证 ── 异议期（三个月）
```

商标注册的流程

注册制度主要采用"申请在先原则"，谁申请在先，商标权就归谁。截至2017年年底，中国商标累计申请量2784.2万件，累计注册量1730.1万件，其中有效的注册商标量1492.0万件。2017年一年，商标注册申请量就达574.8万件，这意味着平均每天就有15748件商标注册申请。因此，有必要查询准备注册的商标是不是已经有别人在先申请了，这样会帮助注册商标申请人提高注册的成功率，避免浪费时间、金钱和精力。如果能在设计商标之前或者在启用新品牌的新产品或者服务之前进行商标查询，那就更好了。否则，一旦使用了与他人在先商标近似的商标，不仅不能和别人的商品或服务相区分，还可能侵犯别人的注册商标权，要承担法律责任。

商标注册证

商标注册申请应提交的文件一般包括《商标注册申请书》、商标图样和申请人主体资格证明文件。委托商标代理机构办理的，还应提交授权委托书。

商品、服务与商标

国家知识产权局商标局在收到注册申请文件后，将依据我国《商标法》和《商标法实施条例》的规定进行审查。经审查符合法律规定的，发布初步审定公告，开始三个月的异议期。公告期满没有异议或者有异议但经裁定异议不成立的，予以核准注册，发给《商标注册证》，并发布注册公告。

国家知识产权局商标局还接受国际商标注册申请。如果一个企业的商品希望在其他国家销售并且得到当地商标法的保护，就需要为自己的商标在当地申请注册。

商标国际注册马德里体系

为了方便企业申请注册多国商标，国际社会目前已经形成了商标国际注册马德里体系。该体系使得商标所有人仅通过向一个国家的商标主管机关提交一份申请，就能在多个国家获得商标注册保护成为可能，方便商标所有人在全球范围内注册和管理商标。

商标国际注册马德里体系受两个条约约束，分别是1891年签订的《商标国际注册马德里协定》（以下简称《协定》）和1989年通过的《商标国际注册马德里协定有关议定书》（以下简称《议定书》）。不论是《协定》成员方还是《议定书》成员方都可以使用马德里体系，区别在于对于不同的成员方，具体注册申请要求不同。目前体系内的国家多数为两个协议的共同成员，个别国家是单一成员。我国1989年加入《协定》，1995年加入《议定书》，是两个协议的共同成员。截至2017年8月，马德里体系共有99个成员，覆盖了115个国家。这些成员的贸易量大约占全球贸易的80%。

商标国际注册马德里体系由设在瑞士日内瓦的世界知识产权组织（World Intellectual Property Organization，WIPO）国际局管理。虽然商标在各个成员方的注册申请最终是被核准还是被驳回，是由各个成员方的商标主管机关决定，但是，商标注册申请人却省去了逐一注册申请的辛苦。

第四节

商标评审程序

从商标提出注册申请到获准注册的过程中，要经历国家知识产权局商标局实质审查和他人异议的考验；而商标获准注册后，也不一定意味着商标注册人从此就可以高枕无忧了。

如果国家知识产权局商标局经审查认为商标注册申请在合法性、显著性或在先性这三个方面存在问题，就会作出驳回决定。如果他人对初步审定的商标在三个月异议期内提出异议，国家知识产权局商标局认为异议成立的，就会作出商标不予注册的决定。如果商标注册后连续三年停止使用，国家知识产权局商标局就会作出撤销注册的决定。商标注册人如果对国家知识产权局商标局这三种决定不服，可以向国家知识产权局商标局申请复审，这三种决定对应的程序分别是**驳回复审**、**不予注册复审**和**撤销复审**。对国家知识产权局商标局核准注册的商标，如果事后发现并不符合我们前面讲过的商标注册应具备的条件，具有相应资格的单位或者个人就可以请求国家知识产权局商标局宣告这个注册商标无效。这个程序就是**无效宣告程序**。

驳回复审、**不予注册复审**、**撤销复审**和**无效宣告程序**是最主要的四种**商标评审程序**。商标评审程序解决的是被国家知识产权局商标局驳回或者不予核准注册的商标该不该被初步审定或者核准注册，注册后的商标该不该被撤销或者被宣告无效的问题，是对商标能不能获准注册、注册后能不能维持注册进行判断并作出决定的行为，是商标权取得和维护程序中的重要环节。

当事人对于国家知识产权局商标局在上述商标评审程序中作出的决定不服的，还可以向人民法院提起诉讼。

当事人一定不要轻易放弃复审的机会，要把握法律赋予的每一次机会争取或维护自己的权利。

事例分享 2-5

吉百利巧克力一杯半牛奶图形商标获得商标注册的故事

吉百利公司于 1993 年在巧克力商品上向我国商标主管机关提出"一杯半牛奶图形"商标的注册申请，被商标主管机关驳回。商标主管机关认为这是广告宣传图形，也是外包装装潢图形，而不易被相关消费者识别为商标，因此，缺乏作为商标的显著性。

吉百利公司没有放弃复审的机会，向原商标评审委员会提出驳回复审申请，并提交了大量宣传使用"一杯半牛奶图形"商标的证据。原商标评审委员会经审理认为，"一杯半牛奶图形"并不是食品行业的通用图形，而是通过吉百利公司在促销、广告等活动中的长期独家使用，已经在消费者心目中与其建立起特定的联系，因此具有了区分商品来源的识别作用，具备了商标应有的显著性特征。

"一杯半牛奶图形"商标

吉百利巧克力

从另一个方面来看，这些商标评审程序也为真正的商标所有人主张自己的权利提供了机会。如果商标注册申请确实不符合商标注册的条件，商标的真正所有人可以在商标获准注册前提出异议，或者在商标获准注册后申请宣告其无效。这是商标主管机关注册审查程序的延续或事后纠错，而且体现了我国商标注册制度主要采取申请在先原则的同时，在商标注册和使用的各个环节也始终贯彻诚实信用、维护公共秩序和善良风俗的原则。

资料卡：商标异议或无效的几种主要情况

（1）与他人在先在同一种或类似商品或服务上的商标相同或近似；

（2）本应禁止使用的商标，比如商标带有欺骗性或者易使公众对商品的质量等特点或者产地产生误认，或者有其他不良影响；

（3）缺乏显著性；

（4）复制、摹仿或者翻译驰名商标，容易导致混淆，或者误导公众从而损害驰名商标注册人利益；

（5）抢注被代理人、被代表人或特定关系合作对方的商标；

（6）损害他人现有的在先字号权、著作权、外观设计专利权、姓名权、肖像权等在先权利，或者他人在先有一定影响的商品名称包装装潢等在先权益；

（7）以不正当手段抢先注册他人已经使用并有一定影响的商标；

（8）以欺骗手段或者其他不正当手段取得注册的情形。

如果商标注册时采用了不正当的手段或者不符合我们前面讲过的商标注册的条件，那么，即便已经注册完成取得商标注册证，也依然有可能会被宣告无效，这就是**无效宣告程序**。一旦注册商标被宣告无效，则其商标权会被视为"自始即不存在"，也就是说，会被认为这个商标的专用权从来就没有存在过。

无效宣告申请一般只能在商标注册之日起五年内提出，只有个别情况下，才不受五年的期限限制。这是因为，有的商标可能核准注册不久，还未曾建立起市场信誉，而有的商标可能已经有多年的注册及使用历史，积累了商誉，商标注册一旦被撤销，对这两种情形下的商标注册人所带来的

商品、服务与商标

影响会有很大不同。为维护商标权利状态和商标注册制度的稳定性，并敦促商标的真正所有人及时、积极地主张自己的商标权利，许多国家都规定了提起商标无效宣告程序的期限限制。因此，这就提醒商标权利的真正所有人，一旦发现他人的不法注册行为，一定要及时启动无效宣告程序维护自己的权利。只有注册商标为恶意注册他人驰名商标，或者不具有合法性或显著性，或者是以欺骗手段或者其他不正当手段取得注册的，才不受五年的期限限制。

事例分享 2-6

"蜡笔小新"商标争议案

图中的卡通人物是日本动漫《蜡笔小新》中的主角，这一漫画故事发生在日本埼玉县春日部市，讲的是一位正在"双叶幼稚园"学习的五岁的小孩——野原新之助日常生活中发生的事。我们更熟悉他的昵称"小新"，浓密的眉毛和短短的和尚发型让大家一下子就记住了他。漫画作品的作者是日本公民白井仪人，经他许可，日本出版社双叶社获得了《蜡笔小新》作品的著作权和其他相关权利。1992年至2005年间，《蜡笔小新》系列漫画由双叶社出版，在日本广泛发行。1994年以后，双叶社通过许可出版的方式，将《蜡笔小新》系列漫画在中国香港和中国台湾地区发行。《蜡笔小新》动画片也随之在日本、中国香港和中国台湾地区播放。由于动漫作品大受欢迎，"蜡笔小新"形象还被广泛地使用在文具、玩具、服装、运动用品等多种商品上。

但当双叶社进入中国大陆市场后，发现自己享有著作权的

作品已被他人注册为商标，其中包括第1033444号蜡笔小新图形商标。这件商标早在1997年6月21日就获准注册，核定使用在第25类服装等商品上，并且已经续展。双叶社向原商标评审委员会提起争议，申请宣告这件商标的注册无效。

原商标评审委员会经审理查明，申请注册第1033444号蜡笔小新图形商标的注册人在服装、眼镜、游戏机、手提包等多种商品上共注册9件蜡笔小新图形或文字商标，并在抢注后转卖牟利。不仅如此，这个注册人还在多个商品或服务类别上申请注册了"SNOOPY""史努比""WALT DISNEY""Burber-rys""CHANEL""Gillette""VOLVO""高露洁""Calvin Klein""FENDI"等多件商标。这些商标都已被相关权利人提出异议、异议复审申请或以注册不当为由提出无效宣告请求，商标主管机关及原商标评审委员会均认定注册人的行为属于恶意复制、摹仿他人知名商标，违反诚实信用原则，对上述这些商标分别作出不予核准注册、撤销注册的裁定。

依据上述事实，原商标评审委员会认为，注册人具有大批量、规模性抢注他人商标并转卖牟利的行为，情节恶劣且严重。"蜡笔小新"文字及图形作为作品具有独创性，且在第1033444号蜡笔小新图形商标申请之前，在日本、中国香港和中国台湾地区就已具有较高知名度，注册人位于与香港毗邻的广州，应当知晓"蜡笔小新"的知名度情况，仍然将与"蜡笔小新"文字或卡通形象相同的文字或图形作为商标在中国大陆地区申请注册，明显具有侵害他人权利、抢注他人商标的恶意，有违诚实信用原则，扰乱了商标注册管理秩序和社会公共秩序，损害了公共利益，构成"以其他不正当手段取得注册"的情形。第1033444号蜡笔小新图形商标的注册被宣告无效。

使用注册商标，不仅是商标注册人的权利，更是其义务。对已经取得商标专用权的注册商标，商标使用是维持商标注册的必要条件。如果注册商标自核准之日起连续三年停止使用，商标注册人又提不出不使用的正当理由，其商标注册就有可能被依法撤销。商标注册人如果对国家知识产权局商标局撤销决定不服，可以申请撤销复审。

之所以设置这种连续三年停止使用的撤销制度，是因为商标的生命在于使用。如果一个商标注册以后长期搁置不用，不仅无法发挥该商标应有的区分商品或服务来源的识别作用，还会阻碍有正常使用需求的其他人使用和注册近似的商标，浪费了有限的商标资源，不利于经济发展。而通过连续三年停止使用的撤销制度，就可以及时清除商标注册库中闲置不用的"死商标"，将市场上已经"死亡"的商标从商标注册簿上清除，为真正有使用需求的在后商标注册申请人扫清障碍，有利于商标资源的合理配置和有效利用，以发挥商标应有的作用，维护市场竞争的活力与公平。

商标评审程序作为法律规定的解决商标权属纠纷的行政程序，是商标权取得、维持和消灭的法定和唯一程序。商标评审程序也是我们下一章将要讲到的商标专用权保护的基础，因为确定的权利状态和明确的权利范围，是商标权得以发挥作用并得到有效保护的基本前提。

第三章

商标权的保护

我国商标法明确规定，销售侵犯商标权的商品，伪造、擅自制造他人注册商标标识等行为都属于侵犯商标权的行为。

保护商标所有人的正当权益，对于维护市场秩序、鼓励创新和诚信经营、保护消费者权益都有重要意义。商标与我们息息相关，每个人都应该行动起来，维护商标秩序。在本章，你将会了解商标权的内容和特点，保护商标权的意义，商标专用权保护的相关知识。

本章知识结构

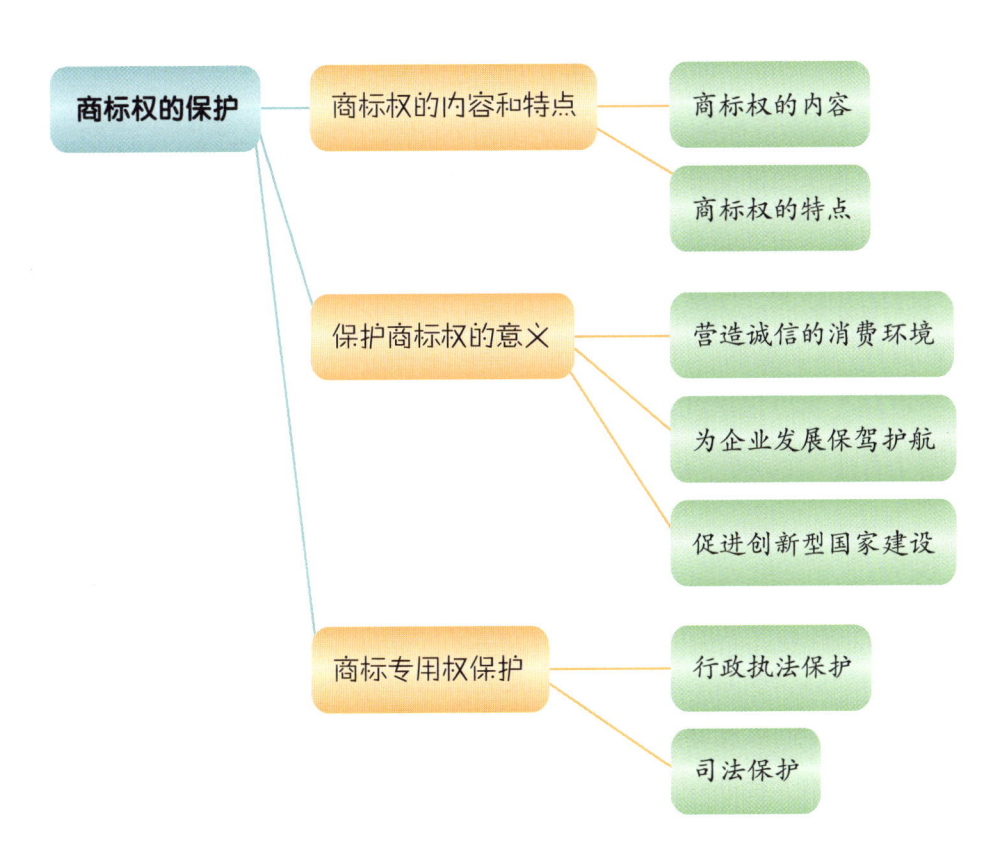

```
                           ┌─ 商标权的内容
         ┌─ 商标权的内容和特点 ─┤
         │                  └─ 商标权的特点
         │
         │                  ┌─ 营造诚信的消费环境
商标权的保护 ─┼─ 保护商标权的意义 ─┼─ 为企业发展保驾护航
         │                  └─ 促进创新型国家建设
         │
         │                  ┌─ 行政执法保护
         └─ 商标专用权保护 ───┤
                            └─ 司法保护
```

第一节

商标权的内容和特点

商标权，是指商标所有人在一定地域范围内，依法直接支配特定商标，并排除他人非法干涉的知识产权。商标所有人为了出售更多的商品或者提供更多的服务，通常会通过技术革新、广告宣传、售后服务等手段，提高相关商标的知名度，使得消费者可以认牌购货，信赖某种商标所标示的商品或者服务，这就是我们通常所说的"商誉"。通过商标使用凝结而成的"商誉"是商标权的权利基础，商标权能为商标所有人带来经济收益，主要也是因为"商誉"。

商标权的内容

注册商标的权利人享有的权利主要包括对其注册商标的专有使用权、禁止权、许可使用权和转让权等。商标权作为一种财产权，权利基础来自商标的实际使用，与商标是否注册没有必然关系。但是注册商标比未注册商标享有更多的法律保护，注册商标在转让和许可时也更加方便。注册商标是一种可以留传后世、永续存在的企业最重要的无形资产，具有排他性、地域性和时间性。

注册商标专有使用权，是指商标权人可在核定的商品或服务上享有该商标的使用权，并通过使用获得合法权益。这种权利是独占的、排他的，这意味着未经授权，其他单位或个人不得在同一种或类似商品或服务上使用与其注册商标相同或近似的商标。商标权人也可以将自己的注册商标许

商品、服务与商标

可他人使用或通过合法程序转让他人。

问题讨论

2008年9月，一家图文制作服务社与一家家具市场签订制作户外广告协议，擅自在其制作的广告中以"庆奥运、迎世博"的名义，使用奥林匹克标志和世界博览会标志。这种行为是否属于侵权？侵犯了什么权利？请分析这种侵权带来的危害。

上一章中提到，注册商标后使用商标，既是商标注册人的权利，更是商标注册人的义务。商标只有通过使用，才能发挥其区分商品或服务来源的识别作用，才能发挥商标的价值。因此，我国《商标法》第四十九条规定，注册商标连续三年不使用的，任何单位或者个人可以向商标主管机关申请撤销该注册商标。同时，对于没有实际使用的注册商标，一旦发生侵权，是不能获得损害赔偿的。

禁止权，是指对他人在相同或者类似的商品或者服务上擅自使用与其注册商标相同或者近似商标的行为，商标注册人有权予以制止。具体表现为禁止他人非法使用、印制注册商标及其他侵权行为。禁止权的效力涉及以下四种情形：第一，在同一种商品或服务上使用相同商标；第二，在同一种商品或服务上使用近似商标；第三，在类似商品或服务上使用相同商标；第四，在类似商品或服务上使用近似商标。第一种通常被称为"假冒商标"行为，后三种还需要考察这些使用行为是否容易导致混淆。

分析思考

下图中的商品是侵权商品吗？

很多人对"苹果"商标都很熟悉，主要是由于iPhone手机和电脑产品。小明在市场上还发现了不少"苹果"牌商品，他挑选了两种和大家分享，希望同学们能帮他判断这些商品是否属于正规商品，有没有商标侵权行为？请结合你了解的商标知识帮他解答。

"苹果"牌商品

许可使用权，是指注册商标所有人通过签订许可使用合同，许可他人使用其注册商标的权利。许可使用是商标权人行使其权利的一种重要方式。许可人是注册商标所有人，被许可人根据合同约定，支付商标使用费后有权在合同约定的范围和时间内使用该注册商标。商标注册人许可他人使用自己的注册商标，应当监督被许可人使用注册商标的商品质量或服务品质。经许可使用他人注册商标的，必须在使用这个注册商标的商品或服务上标明自己的名称和商品产地，这样可以保证消费者的知情权。

事例分享 3-1

"真功夫"商标的许可使用

"真功夫"商标的注册人是广州市真功夫餐饮公司，它先后许可北京真功夫公司、广州真功夫公司、上海真功夫公司、宁波海曙好功夫公司、广州市越秀区好宜多快餐店等众多企业使用"真功夫"商标。通过许可使用，截至 2014 年 3 月，真功夫门店数量达 570 家，遍布全国 40 个城市，成为直营店数量最多、规模最大的中式快餐连锁企业，也是中国快餐五强企业中唯一的中国本土品牌。

"真功夫"商标

商品、服务与商标

问题讨论

同学们找常喝的酸奶盒子、喜欢吃的零食包装看看，上面有没有标注商标注册人是谁，实际生产的企业又是谁。

商标转让，是指注册商标所有人按照一定条件，依法将其商标权转让给他人所有的行为。**转让权**是商标所有人行使其权利的一种方式，商标权转让后，受让人取得注册商标所有权，原来的商标权人丧失商标专用权，即商标权从一个主体转移到另一个主体。转让注册商标，双方当事人应签订转让协议，并共同向国家知识产权局商标局提出申请，经核准公告后，受让人才享有商标专用权。

商标权的特点

商标权的地域性，是指在一个国家取得的商标权只在该国管辖范围内获得保护，在其他国家并不受保护。申请人如果希望在其他国家取得商标权，就必须依据那个国家的法律寻求保护。

事例分享3-2

苹果公司首款智能手表改名

2015年，美国苹果公司拟推出首款智能手表，最初命名为"iWatch"，并在全球销售。为此，苹果公司需要在全球范围内注册iWatch商标。而瑞士知名手表制造商Swatch（斯沃琪）已在多个国家和地区在先申请注册"iSwatch"和"Swatch"商标。斯沃琪认为"iWatch"与其"iSwatch"和"Swatch"商标过于相似，容易造成混淆。综合考虑后，苹果公司推出首款智能手表时，改名为"Apple Watch"。

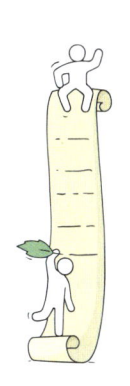

我国企业为向外出口商品，其商标无论是否已在本国取得注册，首先应尽早将该商标在商品将销往的国家或地区申请注册，否则，该商标一旦被他人在先注册，相应的出口商品便不能使用该商标在该国出售。例如"同仁堂""王致和"这样的老字号就曾经分别在日本、德国被其他企业抢先注册。我国市场监督管理部门非常重视健全完善商标海外维权工作机制，畅通维权渠道，支持中国企业和中国品牌"走出去"，不断提升中国品牌的国际形象和影响力。

事例分享3-3

"王致和"商标国外维权案

"王致和"是一家有着三百多年历史的中华老字号，主要经营腐乳、臭豆腐，是中国驰名商标。2006年7月，当王致和集团拟在三十多个国家进行商标注册时，却发现"王致和"商标在德国已被一家名为"欧凯"的公司抢注。在与欧凯公司协商未果的情况下，王致和集团于2007年向德国慕尼黑地方法院提起诉讼，要求判定欧凯公司无偿归还商标并予以赔偿。历经两年，德国慕尼黑高等法院作出终审判决，要求欧凯公司停止在德国使用"王致和"商标，并注销它在德国抢注的"王致和"商标。"王致和"商标最终物归原主。据称，"王致和"商标国外维权案是中国加入世界贸易组织后，中华老字号企业海外维权第一案。

"王致和"商标

商标权的时间性。我国《商标法》规定，注册商标有效期为十年，自核准注册之日起计算。注册商标有效期满后需要继续使用的，应当在期满前的六个月内申请续展注册。在此期间未能提出申请的，还有六个月的宽展期。宽展期内仍未提出申请的，期满后国家知识产权局商标局将予以注销。

商品、服务与商标

第二节
保护商标权的意义

商标作为一种标识，最重要的作用在于帮助消费者区分不同的商品或服务。保护商标权就是保护商标所有人的商标专用权和对商标处置的权益。商标的专用权得到保护时，消费者能够通过商标准确辨识商品。当商标的处置权益得到保护时，商标所有人的投入和经营才能得到更全面的保障，从而保护企业发展，促进经济繁荣。

保护商标权可以营造诚信的消费环境

虽然使用假冒商标的商品并不一定和劣质画上等号，但是，由于注册商标和维护商标以及开发相应的商品都需要付出大量智力劳动，都是企业成本的构成部分。而假冒商标的商品一方面直接进入生产环节，企业成本降低从而利润增加；另一方面，所生产的产品质量和信誉都假冒其他企业的名义，对产品品质并不负责，因此，这些企业在利润的驱动下往往会提供低品质产品。对普通消费者而言，如果我们购买假冒的商品或服务，就是在支持商标侵权行为，打击正规企业发展。当企业的创新能力滞缓，不再改进服务，消费者获得的服务质量和消费环境质量都会下降。因此，拒绝假冒商标的商品和服务也是对消费者自身的保护。

事例分享 3-4

假冒种子危害大

2017年10月，本是水稻收割的季节，广西壮族自治区五塘镇七塘村80亩农田的水稻却因为严重的矮缩病眼看颗粒无收，辛苦了一年的农民欲哭无泪！农民们对播种的"野香优9号"稻种很是不满，对销售种子的种子站意见也很大。"野香优"系列品种是由绿海种业公司经营的种子品牌。经调查，大多数村民购买的是印有"台湾野山香"字样的袋装种子，该包装袋上显示的企业名称也不是"绿海种业"，而是"顺福来种业公司"。绿海种业公司办公室主任邓某表示，"我们也是这两天才听闻此事，但通过调查，发现绿海种业公司着实是背了一口'大黑锅'啊！""绿海种业公司从来没有将'野香优'系列品种授权给顺福来种业公司包装经营，我们甚至听都没听说过这家企业，而且这个'台湾野山香'和正版的'野香优9号'包装袋差别非常大。"后据调查，"顺福来种业公司"并没有在市场监督管理部门登记，属于典型的假冒他人商标和商号经营。

商品、服务与商标

假冒商标的产品不仅损害被仿冒企业的声誉和利益，还会损害消费者的权益。如上述案例中的农民可能从此对购买种子的真伪问题心存芥蒂，产生市场上假货横行的印象，对销售种子的国家机构（种子站）的信任度也会大打折扣。因此，侵犯商标权的行为不仅损害了公平竞争的市场秩序，同时也对以诚信为基础的消费环境产生了负面影响。

消费者应该积极了解商标知识，通过商标名称和表现形式，结合我们前面讲过的其他商业标识的内容来辨别不规范产品，尽量避免购买侵犯商标权的商品和假冒伪劣商品，维护自身合法权益，减少不良商家的利润空间。

保护商标权可以为企业发展保驾护航

对于企业来说，当消费者看到其商标时产生的积极评价和购买意愿是商标最大的价值。商标不仅能够帮助企业形成和维护消费群体，稳定和提升市场份额，还可以为企业发展提供多方面保障。为了维护商标的声誉，企业会在技术创新、产品创新、服务质量提升等方面投入成本和劳动，从这方面来说，商标的维护和企业的发展是紧密结合在一起的。商标是企业形象和信誉的集中表现，商标和其他商业标识综合应用，结合企业的多种营销活动，共同形成了企业的品牌形象。良好的品牌形象可以增强消费者对商标的忠诚度，促进消费者反复购买。企业为了运用、管理和保护商标需要进行持续投入，也因此他们才能获取商标使用带来的种种收益，这就是保护商标权的核心意义。

企业只有在自身实力发展的同时充分注重知识产权保护，才能在市场竞争中逐步壮大。（1）需要主动申请商标注册，最好是在多元化经营可能涉及的所有商品或服务类别上注册自己已经使用或即将使用的所有商标，为未来的经营拓展提前布局。（2）当商标被侵权时，要积极拿起法律武器进行维权，及时采取正确措施保护自己的商标。这也是在保护企业宝贵的无形资产，无论对于企业的发展还是企业信誉都是至关重要的。

保护商标权可以促进创新型国家建设

任何企业的产品创新、技术创新、商业模式创新等，最终都会体现为以自己独有的商标品牌进入市场，参与竞争。因此，要树立保护知识产权就是保护创新的理念。如果侵犯商标权、假冒注册商标的种种行为不能被有效制止或得到惩罚，就会打击企业投入成本进行创新的积极性，最终伤害的不仅是企业的热情、市场的秩序，而且会损害国家整体的创新能力和综合国力。因此，加强对商标品牌的保护，就是鼓励和保护企业创新发展，尊重和保护社会创造力和发展活力。

企业是社会经济的细胞。企业兴旺，整体社会经济就会繁荣；企业衰落，整体社会经济就会下滑，这是市场经济不可抗拒的规律。如果商标专用权得不到有力保护，侵权行为泛滥，假冒商品横行，社会公平和市场秩序就会受到挑战。守法经营者的利益不能保证，经济社会持续健康发展就会受到阻碍。企业创新成果被侵占，损耗的不仅是企业发展的动力，更是国家经济社会发展的源泉。因此，每一位公民都应该学习和了解商标保护的知识，为国家的富强和创新发展作出自己的贡献。

第三节 商标专用权保护

法律对于侵犯商标权的行为及其责任作出了明确规定。除了在同一种或类似商品或服务上使用与注册商标相同或近似商标导致混淆的情形之外，销售侵犯商标专用权的商品、伪造他人注册商标标识或者销售伪造的注册商标标识、帮助他人实施侵犯商标专用权行为等情形，都属于侵犯商标权的行为。

资料卡：什么是商标侵权

（一）未经商标注册人的许可，在同一种商品上使用与其注册商标相同的商标，即"假冒商标"；

（二）未经商标注册人的许可，在同一种商品上使用与其注册商标近似的商标，或者在类似商品上使用与其注册商标相同或者近似的商标，容易导致混淆的行为；

（三）销售侵犯注册商标专用权的商品；

（四）伪造、擅自制造他人注册商标标识或者销售伪造、擅自制造的注册商标标识；

（五）未经商标注册人同意，更换其注册商标并将该更换商标的商品又投入市场，这类行为又被称为"反向假冒"；

（六）在同一种或者类似商品上，将与他人注册商标相同或者近似的标志作为商品名称或者商品装潢使用，误导公众；

（七）故意为侵犯他人注册商标专用权行为提供仓储、运输、邮寄、印制、隐匿、经营场所、网络商品交易平台等便利条件的行为；

（八）给他人的注册商标专用权造成其他损害的。

问题讨论

观察以下图片，你能发现下列商品或服务中的商标侵权现象吗？你觉得购买这样的商品或服务会带来哪些影响？请从个人、社会、国家的角度分析并和同学们交流。

| 康帅傅 | KFG | 旺子牛奶 |

按照我国商标法规定，我国商标专用权保护实行行政执法和司法保护并行的**双轨制**，发生商标侵权纠纷时，双方当事人可以先自行协商解决，不愿协商或者协商不成的，商标注册人或者利害关系人可以向人民法院提起诉讼，也可以请求市场监督管理部门处理。此外，任何人都可以对侵犯注册商标专用权的行为向市场监督管理部门投诉或者举报。行政执法和司法保护双轨制并行，可以灵活、及时、有效地保护商标权人的合法权益。

商标权的行政执法保护

行政执法保护具有方便、快捷、高效的特点，我国大部分商标侵权案

商品、服务与商标

件是通过行政执法机关处理的。行政执法的好处还在于商标法赋予了市场监管部门主动依职权查处侵权行为的权力,有利于维护市场秩序。对于涉嫌构成犯罪的商标侵权案件,市场监管部门会将该案件移送司法机关处理。根据国家市场监督管理部门公布的数据,2012年至2017年,我国共立案查处商标侵权案件17.8万件,依法向司法机关移送涉嫌犯罪案件1000多件。

一旦认定侵权成立,市场监管部门有权责令当事人立即停止侵权行为,没收或销毁侵权商品,没收或销毁制造侵权商品或伪造注册商标标识的工具,处以行政罚款;对五年内实施两次以上商标侵权行为或者有其他严重情节的,加重处罚。除了市场监管部门的行政罚款,商标权人还可以要求侵权人进行赔偿,对赔偿数额有争议的,当事人也可以请求进行处理的市场监管部门调解。

全国市场监管部门已经形成总局、省、市、县及工商所五级执法机制,具有上下贯通、程序简洁、手段多、效率高的独特优势。特别是相较于司法保护,行政执法迅捷、成本低,尤其对于简单案件的处理是最有效的。

事例分享 3-5

北京红盾利剑打假溯源专项行动初战告捷

2018年1月9日上午,在北京市工商局的统一指挥下,全市十几个分局的上百名工商执法人员集体出动,对全市60家涉嫌销售侵权"ASICS"(亚瑟士)运动跑鞋的商家进行集中执法行动,涉嫌侵权跑鞋当即被下架并进行暂扣。北京市工商局表示,此次执法行动不仅要打击侵权商品的终端销售,还要将违法信息反馈至其产地进行溯源,彻底端掉侵权商品的生产源头。

9日上午10点,工商执法人员来到海淀区新中关购物中心二层一家名为"TIGERSPOOR"的专卖店,在店内查获了数百双侵权运动跑鞋。经过商标权利人维权律师的辨认,这里销售的运动跑鞋乍看上去和正品"亚瑟士"很像,虽然其也有注册商标,但侵权鞋却做了改动,两侧鞋帮上的图案和正品"亚瑟士"的注册商标"虎爪"非常相似,只做了一些变形处理,极易造成公众将其与正品的混淆,其售价却比正品便宜近一半。执法人员当即对店内销售的侵权商品进行了暂扣,并要求店主携带相关商标注册证明材料到工商部门接受进一步调查。在朝阳、海淀、丰台、昌平、通州等地区的销售点、仓库,执法行动同时展开。经过半天的执法行动,查扣涉嫌侵权商品31587件,涉案金额1006万元。

这是北京市工商部门为期1个月的红盾利剑打假溯源专项行动的首战。红盾利剑打假溯源专项行动是为了优化北京市的商标品牌发展环境,加大对商标侵权案件源头的追溯力度,对商标侵权商品生产、销售、注册商标标识制造等环节开展全链条打击。此次专项行动以打击商标侵权为重点,将驰名商标、地理标志、涉外商标、老字号商标以及与百姓生活密切相关的

商品、服务作为重点保护对象,将商场超市、网络交易平台以及城乡接合部作为重点查处区域,重点打击商标侵权和制售假冒伪劣商品的违法行为,对违法从事生产、仓储、销售假冒商品的违法行为集中查处。

商标权的司法保护

商标侵权案件以民事案件为主。当商标侵权事件发生后,被侵权人也可以直接向人民法院起诉侵权人。人民法院可以判决侵权人停止损害、赔偿损失,赔偿数额依据权利人因侵权受到的损失、侵权人因侵权获得的利益或者参照注册商标使用许可费确定。人民法院还可以判决侵权人赔礼道歉、消除影响,收缴侵权商品,收缴伪造的商标标识,收缴专门用于生产侵权商品的材料、工具、设备等财物。

现行《商标法》为加大打击商标侵权行为的力度,引入了惩罚性赔偿制度,对恶意侵犯商标专用权、情节严重的,可以在依上述方法确定数额的1—3倍范围内确定赔偿数额;依据上述方法难以确定赔偿数额的情况下,人民法院可以根据侵权行为的情节判决法定赔偿数额的上限从原来的50万元提高至300万元。

事例分享3-6

北京庆丰包子铺商标被侵权案

慶豐

北京庆丰包子铺商标

北京庆丰包子铺在餐馆服务上注册有"慶豐"商标,而山东庆丰餐饮公司不可能不知晓庆丰包子铺的商标及其字号的知名度,却使用"庆丰"字号成立餐饮公司,并摹仿庆丰包子铺商标,在其官方网站、店面门头、菜单、广告

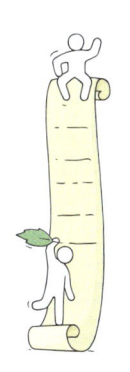

宣传上突出使用。北京庆丰包子铺认为山东庆丰餐饮公司的行为容易造成相关公众的混淆和误认，构成商标侵权，因此，向山东省济南市中级人民法院提起诉讼。

经过山东省济南市中级人民法院一审、山东省高级人民法院二审，直至最高人民法院再审，判决山东庆丰餐饮公司停止使用"庆丰"标识侵害北京庆丰包子铺注册商标专用权的行为，停止在其企业名称中使用"庆丰"字号的不正当竞争行为，并赔偿北京庆丰包子铺经济损失及合理费用5万元。

侵犯商标权，情节严重，涉嫌犯罪的，还要由司法机关依法追究刑事责任，包括拘役、有期徒刑、罚金等。我国《刑法》在侵犯知识产权罪一节，规定了三种在侵犯商标权方面的犯罪，具体是：假冒注册商标罪，销售明知是假冒注册商标的商品罪，非法制造、销售非法制造的注册商标标识罪。

事例分享3-7

假冒三星注册商标案

"SΛMSUNG"是韩国三星电子株式会社在其手机等商品上使用的在中国的注册商标。郭某升、孙某标、郭某锋三人在未经商标注册人授权许可的情况下，从深圳市某数码城、深圳福田区某手机市场批发假冒的"SΛMSUNG"I8552手机裸机及配件，组装成假冒的三星I8552手机，通过淘宝网店进行销售。上列当事人的行为属于在同一种商品上使用与"SΛMSUNG"注册商标相同的商标，且非法经营数额达2000余万元，非法获利200余万元，情节特别严重。江苏省宿迁市中级人民法院判决认

三星商标

定，他们的行为已构成假冒注册商标罪，对郭某升判处有期徒刑五年，并处罚金人民币160万元；对孙某标判处有期徒刑三年，缓刑五年，并处罚金人民币20万元；对郭某锋判处有期徒刑三年，缓刑四年，并处罚金人民币20万元。同时追缴被告人郭某升、孙某标、郭某锋的全部违法所得，上缴国库；对泗洪县公安局扣押的涉案假冒手机147部、手机电池500块、手机皮套500个、耳机600条、贴标500个、手机后盖130个全部予以销毁。

商标不仅是标示和区分商品或服务来源的识别符号，商标背后所代表的企业实力和文化更是与企业发展紧密结合在一起。商标注册已经成为企业保护自身利益的重要手段。同时，商标必须通过使用才能实现和发展它的价值。企业要转变"专注产品、忽视商标品牌"的惯性思维，增强商标品牌意识，建立品牌发展战略和知识产权维护等现代企业制度，全面提升商标注册、运用、管理和保护的能力。当发生商标侵权行为时，要积极利用法律手段维护自己的权益。作为消费者，我们要坚决向假冒伪劣产品说"不"，根绝侵权行为和制假、售假行为的生存土壤。我国法律通过行政执法和司法保护等多种途径，保护商标权不受侵犯，绝不允许假冒伪劣滋生蔓延，让不法制假、售假者难逃法网。实现"中国产品向中国品牌转变"，保护注册商标的合法权益，这既是对商标所有人在创新和经营投入上的支持，更是国家实施创新驱动发展战略的重要基础和必由之路。